BEI GRIN MACHT SICH IHR
WISSEN BEZAHLT

AF136199

Wellenförmige Makrozyklusplanung zur Steigerung der Schnelligkeit und Maximalkraft. Leistungsorientiertes Krafttraining für Tennisspieler mit der DUP-Methode

Stefanos Sfetsiaris

Bibliografische Information der Deutschen Nationalbibliothek:

Die Deutsche Nationalbibliothek verzeichnet diese Publikation in der Deutschen Nationalbibliografie; detaillierte bibliografische Daten sind im Internet über http://dnb.d-nb.de abrufbar.

ISBN: 9783346617804
Dieses Buch ist auch als E-Book erhältlich.

Druck und Bindung: Books on Demand GmbH, Norderstedt Germany
Gedruckt auf säurefreiem Papier aus verantwortungsvollen Quellen

Das vorliegende Werk wurde sorgfältig erarbeitet. Dennoch übernehmen Autoren und Verlag für die Richtigkeit von Angaben, Hinweisen, Links und Ratschlägen sowie eventuelle Druckfehler keine Haftung.

Das Buch bei GRIN: https://www.grin.com/document/1184583

Deutsche Hochschule für

Prävention und Gesundheitsmanagement

Hermann Neuberger Sportschule 3

66123 Saarbrücken

Einsendeaufgabe

Fachmodul: Trainingslehre 1

Studiengang: Gesundheitsmanagement

Datum
Präsenzphase   2.06-05.05.2020

Name, Vorname: Sfetsiaris, Stefanos

Semester: 3

INHALTSVERZEICHNIS

1   Diagnose

1.1 Allgemeine und biometrische Daten

Tab. 1: allgemeine und biometrische Daten des Kunden

(eigene Darstellung)

Alter	27
Geschlecht	Männlich
Größe	175
Gewicht	73
BMI	23,84
Trainingsmotive	Leistungsorientiert Kraftsport betreiben, Maximalkraft sowie Schnellkraft steigern und dabei beweglich bleiben sowie ab-wechslungsreich trai-nieren, gesund bleiben und etwas Muskelauf-bau
Beruf	Sportstudent
Aktuelle sportliche Ak-tivität	Tennis, Krafttraining und moderates Aus-dauertraining
Frühere sportliche Ak-tivität	Fußball
Zeitliche Verfügbarkeit	2-4x/Woche je 60 Mi-nuten/Einheit
Blutdruck	126/85
Ruhepuls	65
Internistische Ein-schränkungen	keine
Orthopädische Ein-schränkungen	keine
Einnahme von Medi-kamenten	Keine

Der Kunde ist 27 Jahre alt und hat keine körperlichen Beschwerden oder Einschränkungen. Der Kunde ist Sportstudent und macht viel Sport in seiner Freizeit. Leidenschaftlich
spielt er 2-3x/Woche Tennis und betreibt seit zwei Jahren ein intensives Krafttraining.
Vorwiegend führt der Kunde Langhantelübungen aus. Der Kunde hat das Ziel ein sportartspezifisches Krafttraining auszuüben, um im Tennis seine Leistung zu steigern. Der

Kunde hat öfters über das Jahr verteilt Wettkämpfe und benötigt daher einen besonderen Trainingsplan. Aus gesundheitlicher Sicht möchte er seine Maximalkraft sowie seine Muskelmasse steigern. Der Kunde weist keine gesundheitlichen Einschränkungen auf. Der BMI des Kunden liegt bei 23,84. Ein Normalgewicht liegt bei Werten zwischen 18,5 und 29,9 vor (vgl. Adipositas-Geselschaft). Sein Ruhepuls liegt bei 65 Schlägen pro Minute. Dies gilt als normal (Dietger, M., 2015, S.62). Der systolisch/dyastolische Blutdruck des Kunden beträgt 126/85 mmHg. Laut Normwerte ist dies als „normaler" Blutdruck zu klassifizieren. Im folgenden ist die gesamte Blutdruck-Klassifikation dargestellt.

Tab. 2:   Gesundheitsberichterstattung des Bundes Heft 43
(Jahnse, K., Strube H., Starker A., 2008, S. 8) eigene Darstellung

Klassifikation	systolisch	dyastolisch
optimal	<120	<80
normal	120-129	80-84
hoch-normal	130-139	85-89
leichte Hypertonie (Schweregrad 1)	140-159	90-99
mittelschwere Hypertonie (Schweregrad 2)	160-179	100-109
Starke Hypertonie (Schweregrad 3)	>180	>110
Isolierte systolosche hyperto-nie	>140	<90

1.2 Krafttestung

1.2.1 Auswahl der Krafttestung

Der Kunde ist leistungsorientiert, ehrgeizig und weist Erfahrungen im Kraftsport auf, daher wird mit dem Kunden ein 1-RM-Test durchgeführt. Der Kunde ist mit der Wahl dieses Krafttests einverstanden. Eine erfolgreiche sowie sichere Durchführung des Tests ist sehr wahrscheinlich, da der Kunde hohe Intensitäten gewohnt ist und die Technik der ausgewählten Übungen gut beherrscht. Zudem bestehen keine Einschränkungen oder Vorerkrankungen.

Die Maximalkraft stellt einen bedeutsamen Wert für das Krafttraining dar. Die Diagnostiki und die Testung der Maximalkraft ist wichtig, um den Leistungszustand zu beurteilen und anhand dessen, das Krafttraining zu steuern. (De Marees, 1996). Es wird grundsätzlich empfohlen, dass eine 14 Tätige Vorbereitungsphase eingeführt wird. Dazu hat Wanjek (2001) ein standardisiertes Verfahren entwickelt. Da der Kunde vor kurzes selbst ein Maximalkrafttraining von einer 6-wöchigen Dauer absolvierte, und momentan ein Muskelaufbau Training durchführt, kann davon ausgegangen werden, dass der Kunde, eine notwendige Belastbarkeit seines Bewegungsapparates aufweist und eine maximale Muskelleistung abrufen kann.

1.2.2 Beschreibung des Testablaufs

Zu Beginn erfolgt ein allgemeines sowie ein spezielles Aufwärmen. (10 Minuten moderates Laufen auf dem Laufband sowie die ausgewählten Übungen mit sehr wenig Gewicht) Der Kunde möchte vorwiegend Übungen mit der Langhantel durchführen und dies auch im Krafttest tun. Es wurde empfohlen, dass die Testung der Beinmuskulatur bei der Maschine, „Beinpresse horizontal liegend", laut Wanjek durchgeführt wird. Der Kunde möchte dies jedoch an der Langhantel durchführen. (low Bar). Um das Verletzungsrisiko so gering wie möglich zu halten, wurde bei der Testung ein Gewichthebergürtel genutzt. Der Kunde möchte ebenso die Übung Kreuzheben mit der Langhantel in seinem Trainingsplan integriert haben. Aufgrund des hohen Verletzungsrisiko, wurde von einem 1-RM-Test bei der Übung Kreuzheben abgeraten. Die Werte seines letzten Maximalkrafttrainings mit der Übung „Kreuzeben", werden daher bei der Trainingsplanung berücksichtigt. Die subjektive Maximalleistung bei der Übung Kreuzheben betrug im letzten Maximalkraftzyklus 120kg bei 2 Wiederholungen.

Das Einstiegsgewicht des 1 RM-Test erfolgt nach der subjektiven Einschätzung des Sportlers und anhand der Erfahrungen des letzten Maximalkrafttainings. Zwischen jeden Testsatz erfolgt eine Pause von 3 Minuten. Als ermittelte Last wird das Gewicht gezählt, was maximal noch bewältigt werden kann (Bührle & Schmidtbleicher, 1981) Wenn das Gewicht gerade noch bewältigt wird, erfolgt nach Schmidtbleicher eine Lasterhöhung um 0,5 %. Wird das Gewicht sehr leicht bewältigt, um 1%. Im folgenden sind die Übungen sowie die Ergebnisse des 1-RM-Test aufgeführt.

Tab. 3: Maximalkrafttest (1RM-Test) Eigene Darstellung

Testübung	WH	1.Testsatz	2.Testsatz	3.Testsatz	Ergebnis
LH Kniebeuge	1	90kg	100kg	101	101
Beinbeuger	1	70	70,7	----	70,7
Beinstrecker	1	80	81	82	82
Latzug	1	95	96	97	97
Rudermaschine	1	70	75	75	75
Bankdrücken (LH)	1	95	96	--	96
Bauchflexion	1	45	45	42	45
Rumpfdrehung	1	30	31	31	31

Damit der individueller Leistungsvergleich zukünftig vergleichbar ist, ist es anzuraten, dass der Test unter den gleichen Bedingungen durchgeführt wird: gleiche Tagesform, keine Belastung im Voraus, selbe Uhrzeit, selber Test.

Grundsätzlich ist hervorzuheben, dass die Ergebnisse als Referenzwert für die Intensität des Krafttrainings genutzt wird. Das Testergebnis wird jeweils als 100 % definiert. Aus diesen 100 % wird je nach Trainingsmethode der prozentualer Anteil berechnet, um , das Trainingsgewicht beziehungsweise die Intensität zu ermitteln.

2   Zielsetzung und Prognose

Allgemein möchte der Kunde neben seinem intensiven Tennistraining seine Fitness steigern sowie seine Schnelligkeit. Auf ein sportartspezifisches Training legt der Kunde sehr viel wert. Gleichzeitig möchte er seine Gesundheit fördern. Gesundheit bedeutet für den Kunden, dass er keine Rückenschmerzen bekommt und keine Verletzungen sich während dem Sport zuzieht. Auch seine seelische Gesundheit ist für den Kunden von Bedeutung. Grundsätzlich möchte der Kunde abwechslungsreich trainieren. Zudem möchte der Kunde seine Beinmuskulatur stärken.

Tab. 4: Ziele des Kunden (eigene Darstellung)

Ziel	Ausmaß	Zeit
Steigerung der Maximalkraft	um 5 Kilo	ca. 2 Monate
Steigerung der Kraftausdauer	In jede Übung um 8 Wiederholungen steigern bei 60% des 1-RM	ca. 3 Monate
Steigerung der Muskelmasse,	Um 0,5 kg	ca. 3 Monate

3 Trainingsplanung Mesozyklus

Tab. 5: Makrozyklusplaunung (eigene Darstellung)

Zyklusdauer	6 Wochen	8 Wochen	8 Wochen	6 Wochen
Trainingsziel	Kraftausdauer	Wellenförmiger Mesozyklus mit dem Schwerpunkt Muskelaufbautraining	Wellenförmiger Mesozyklus mit dem Schwerpunkt Maximalkrafttraining	Wellenförmiger Mesozyklus mit dem Schwerpunkt Schnellkraft ohne Maximalkraft
Organisation	GK-Training	GK	GK	GK
Einheiten/Woche	3	3	3	3
Übungen/Muskelgruppe	1 – 2	2	2	2
Sätze/Übungen	3	3 – 5	3 – 5	03.05.20
Wiederholungszahl	20	3 – 15	3 – 15	6 – 15
Satzpausen	60 Sekunden	1 – 6 Minuten	1 – 6 Minuten	1 – 6 Minuten
Bewegungstempo	2 – 2	2 - explosiv	2 – explosiv	2 - explosiv
Intensität	50-60%	70-90%	80-90	50-80%

Nach dem Makrozyklus erfolgt eine 14 Tätige strategische Dekonditionierung, um sich teilweise zu regenerieren und sich für leichtere Intensitäten wieder sensibler zu machen. Es wird empfohlen, dass in dieser Zeit vorwiegend ein moderates Beweglichkeitsprogramm absolviert wird.

3.1 Begründung der Trainingsmethoden

Wie bereits beschrieben ist der Kunde gesund, leistungsorientiert und weist Erfahrungen im Krafttraining auf. Der Kunde möchte einen umfassend jede Form des Krafttrainings über einen längeren Zeitraum regelmäßig trainieren, um seine Kraft und seine Exolosivkraft zu verbessern. Der Kunde spielt leidenschaftlich Tennis und ist sehr leistungsorientiert und nimmt regelmäßig an Wettkämpfe teil. Daher ist ein Training jeder Kraftform sowie eine flexible Makrozyklusplanung für ihn von Bedeutung. Im allgemeinen wird zwischen Maximalkraft, Kraftausdauer und Schnellkraft unterschieden. Im folgenden sind die Definitionen der Verschiedenen Kraftformen aufgeführt:

Tab. 6: Erscheinungsformen der Kraft (eigene Darstellung)

Definition Maximalkraft	Die Maximalkraft ist die höchstmögliche Kraft, die das Nerv-Muskelsystem bei maximaler willkürlicher Kontraktion ausüben vermag" (Martin et al., 1993, S. 103).
Definition Kraftausdauer	„Kraftausdauer ist die Fähigkeit bei einer bestimmten Wiederholungszahl von Kraftstößen innerhalb eines definierten Zeitraums die Verringerung der Kraftstoßhöhen möglichst gering zu halten" (Martin et al., 1993, S. 109)
Definition Schnellkraft	„Schnellkraft ist die Fähigkeit, optimal schnell Kraft zu bilden" (Martin et al., 1993, S. 106).

3.2 Begründung der Belastungsparameter

Der Kunde trainiert 3 mal pro Woche. Eine Trainingseinheit umfasst ca. 60 Minuten. Der Kunde ist fortgeschritten, daher ist dies ohne Bedenken zu sehen. Bei 3 Einheiten in der Woche wird der Kunde hohe Fortschritte sehen können. Zahlreiche Studien belegen, dass 3 Trainingseinheiten pro Woche einen optimalen Reiz setzen (Mc Lestert, Bishop und Guilliams, 2000, S. 273-281) Die Sätze pro Übungen sowie die Übungen pro Muskelgruppe sind im normalen Bereich und sollten vorerst nicht höher werden, um ein Übertraining zu vermeiden. Zudem ist es nicht das Ziel des Kunden hohe Muskelmassen aufzubauen. Der Kunde legt mehr wert auf die Muskelleistung, um weiterhin zielorientiert sein Sport nachzugehen. Im folgenden sind die Krafttrainingsmethoden, auszugsweise, aufgeführt:

Tab. 6: Methoden zur Entwicklung der Kraftausdauer (vgl .Martin et al., 1993, S. 132) eigene Darstellung

Methode	Belastungsintensität (in% 1-RM)	Belastungsumfang 8Wdh./Serien)	Belastungsdichte
Krafttrainingsmethode 1	40-70 %	20 Wdh./3-5 Serien	<120 Sek

Tab.7: Methoden der wiederholten submaximalen Krafteinsätze bis zur Erschöpfung zur Verbesserung des Muskelquerschnittes (modifiziert nach Bührle 1985, S. 96) eigene Darstellung

Methode	Belastungsintensität (in% 1-RM)	Belastungsumfang 8Wdh./Serien)	Belastungsdichte
Standardmethode 1	80,00%	8-10 Wdh./ 3 Sätze	3-5 Minuten

Tab. 8: Belastungsgrößen der Trainingsmethode zur Steigerung der willkürlichen neuromuskulären Aktivierungsfähigkeit (modifiziert nach Güllich & Schidtbleicher, 1999, S. 230) eigene Darstellung

Reizintensität	Wiederholungen	Serien	Pause	Kontraktionsgeschwindikeit
90-100%	1 – 3	3 – 6	>6 Min.	explosiv

3.3 Begründung der Organisationsform

Die Wahl fiel auf ein Ganzkörpertraining mit eingebauten funktionalen Übungen. Der Fokus liegt bei den großen Muskelgruppen. Es wurde versucht jede Muskelgruppe ausgeglichen zu trainieren. Von einem Splittraining wurde abgesehen, da der Kunde nur 3x wöchentlich für ca. 1 Stunde Zeit hat für ein Krafttraining hat. Der Schwerpunkt liegt bei funktionalen Kraftübungen und Geräte, die die großen Muskelgruppen trainieren. Insbesondere Funktionale Krafttrainingsübungen erfordern eine gute Koordination und sind sehr effektiv, da der ganze Körper dabei involviert ist. Zuerst werden die großen Muskelgruppen trainiert, um die Priorität auf ein Ganzkörpertraining zu setzen, um nicht zu viel Zeit und Energie bei einem Training der kleinen Muskelgruppen zu verschwenden.(Auswahlmethode) Zudem wurde eine Rotationsübung eingebaut, da im Tennis eine Rotation der Wirbelsäule ständig ausgeführt werden muss. Gleichzeitig wird dadurch die Rumpfmuskulatur gestärkt. Dies kann die sportartspezifische Beweglichkeit verbessern.

3.4 Begründung der Periodisierung

Der Makrozyklus weist unterschiedliche Trainingsformen auf mit einem wellenförmigen Intensitätsbereich. Ein Übertraining soll vermieden werden, gleichzeitig soll eine überdurchschnittliche Leistung, jedoch mit einem geringen Leistungsabfall über den ganzen Makrozyklus hinaus gewährleistet werden. Der erste Mesozyklus soll den Körper und den Bewegungsapparat auf höhere Leistungen vorbereiten, um sicher zu trainieren, trotz gutem Trainingszustand des Kunden. Ab dem zweiten Mesozyklus findet ein wellenförmiger Mesozyklus statt, also eine nonlineare Periodisierung, um wie bereits erwähnt jede Kraftform flexibel zu trainieren. Die wellenförmige Periodisierung beinhaltet 3 verschiedene Trainingsbereiche mit unterschiedlichen und angepassten Intensitäten (Kraemer & Fleck, 2007, S. 12 ff.). So kann in einer Woche beliebig zwischen Hypetrtophie, Maximalkraft und Kraftausdauer gewechselt werden. In einem Mesozyklus erfolgt jeweils ein Schwerpunkt.

4   Trainingsplanung Mesozyklus

Tab. 9: Mesozyklus 1

Zyklusdauer	6 Wochen
Trainingsziel	Kraftausdauer
Organisation	GK-Training
Einheiten/Woche	3
Übungen/Muskelgruppe	1 – 2
Sätze/Übungen	3
Wiederholungszahl	20
Satzpausen	60 Sekunden
Bewegungstempo	2 – 2
Intensität	50-60%

Tab. 10: Mesozyklus 1, Trainingsziel Kraftausdauer Detaildarstellung

Übung	Wieder-ho-lungs-zahl	Sätze	Satz-pause	Intensi-tät W 1	Intensi-tät W 2	Intensität W 3	Intensität W 4	Intensi-tät W 5	Intensität W 6
LH Knie-beuge	20	3	1 Min.	50,5kg	52,5	54,5	56,5	58,5	60,6
Kreuz-heben	20	3	1 Min.	60 kg	62 kg	64 kg	66 kg	68 kg	72 kg
Bein-beuger	20	3	1 Min.	35,5 kg	37,5 kg	38,5 kg	40,5	41,5	42,5
Bein-stre-cker	20	3	1 Min.	41 kg	42 kg	44 kg	46 kg	47 kg	49,2 kg
Latzug	20	3	1 Min.	48,5 kg	50,5 kg	52,5 kg	54,5 kg	56,5	58,2
Ruder-ma-schine	20	3	1 Min.	37,5 kg	39,5 kg	41,5 kg	43,5 kg	44,5 kg	45 kg
Bank-drü-cken (LH)	20	3	1 Min.	48 kg	50 kg	52 kg	54 kg	56, kg	57,6 kg
Bauch-flexion	20	3	1 Min.	22,5 kg	23,5 kg	24,5 kg	25,5 kg	26,5 kg	27,5 kg
Rumpf dre-hung	20	3	1 Min.	15,5 kg	16,5 kg	17 kg	17,5 kg	18 kg	18,6 kg

Es wird empfohlen, wenn Zeit ist, am Ende des Trainings eine Übung für die Außenro-tatorenmanchette einzubauen, da eine Stärkung dieser Muskeln am Schultergelenk für gesunde Schultern wichtig sind, da die Außenrotatoren verstärkt im Tennis beansprucht werden. Nach 2 Wochen soll ein Feedback Gespräch zu dem Trainingsplan stattfinden, da hier nur eine Übung für die Brustmuskulatur eingebaut ist. Es könnte in Erwägung gezogen werden die Satzzahl beim Bankdrücken zu erhöhen oder eine weitere Übung, wie Butterfly oder Schulterpresse für diese Muskelgruppe einzuführen. Das Maximal-krafttaining wird nur mit den Grundübungen Kreuzheben, Bankdrücken und Kniebeuge durchgeführt.

5   Literaturrecherche

Name der Studie:	Effects of Whole-Body Electromy-ostimulation on Chronic Nonspe-cific Low Back Pain in Adults: A Randomized Controlled Study	Effects of Training Frequency on Lumbar Extension Strength in Pa-tients Recovering From Lumbar Dyscectomy
Durchgeführt von:	Weisenfels, A. Teschler, M., Wil-lert, S., Hettchen, M., Fröhlich, M., Klein-öder, H., Kohl, M,, Stengel, S., Kemmler, W.	Kim, Y.S., Park, J., Kyu, P.H., Kwon. Cho, K., Kim, Y.,H., Kun Shimn, J.
Jahr der Publikation:	2011	2010
Fragestellung:	Welche Effekte hat eine Ganzkör-per-EMS Anwendung auf unspe-zifische chronische Rücken-schmerzen (low back pain)	Welche Effekte hat die Übung „Extension der Lendenwirbelsäule bei Patienten nach einer Disekto-mie-OP auf die Parameter Kraft, Behinderungsgrad und Schmer-zen?
Versuchspersonen	40 Personen im Alter von 30-70 mit chronischen Rückenschmer-zen	Vierzig Personen, die einen Bandscheibenvorfall erlitten ha-ben.
Versuchsaufbau	15 Personen haben eine 12 Wö-chige EMS Anwendung durchge-führt: 1x die Woche mit einem auf diese problematik angepassten Training mit leichten Übungen. Eine weitere Gruppe von 15 Per-sonen behielten ihren Lebenstil bei und machten kein EMS-Trai-ning	Die Versuchspersonen wurden in 4 Gruppen aufgeteilt: Gruppe 1 trainierte 2x pro Woche. Gruppe 2 trainerte 1x pro Woche, Gruppe 3 trainierte alle zwei Wochen und die Kontrollgruppe trainerte nicht. Nach 12 Wochen Training, nah-men alle Teilnehmer an einem Folgetraining teil
Ergebnisse	EMS ist eine effiziente Trainings-technologie, um Rumpfstabilität aufzubauen und unspezifische chronische Rückenschmerzen zu reduzieren	Die Gruppen 1 und 2 zeigten eine signifikante Zunahme der Len-denwirbelstreckkraft. Gruppe 3 und die Kontrollgruppe zeigte hin-gegen eine Abnahme. Der Len-denstreckkraft

Bei Gruppe 1 und 2 reduzierte sich der Behinderungsindex . Zu-dem nahmen bei Gruppe 1 die Schmerzen am Rücken und an den Beinen ab um 0,5 Einheiten ab bei einer visuellen Skala von 10 cm |

6   Literaturverzeichnis

Bührle, M. & Schmidtbleicher, D. (1981). Komponenten der Maximal- und Schnellkraft. Versuch einer Neustrukturierung auf der Basis empirischer Ergebnisse. Sportwissenschaft, 11 (1), 11-27.

Deutsche-Adipositas-Gesellschaft. *Was ist der Body-Mass-Index?* Zugriff am 11.06.2020. Verfügbar unter https://www.adipositas-gesellschaft.de/mybmi/

De Mareés, H. (1996). *Sportphysiologie* (8. Aufl.). Köln: Sport und Buch Strauß.

Dietger, M. (2015). *Fit von 1 bis Hundert. Ernährung und Bewegung. Aktuelles medizinisches Wissen zur Gesundheit* (3. Aufl.). Berlin Heidelberg: Springer-Verlag.

Matrin, D., Carl, K. & Lehnertz, K. (1993). *Handbuch Trainingslehre* (2. Auf.). Schorndorf: Hofmann.

Mc Lester, J. R., Bishop, J. P. & Guilliams, M. E. (2000). Comparison of 1 day an 3 day per week of equal-volume resistance in experianced subjects. *Journal of Strength and conditioning Resarch,* (3), 273-281.

Hottenrott, K., Neumann, G. (2010). *Trainingswissenschaft. Ein Lehrbuch in 14 Lektionen* (Sportwissenschaft studieren Band 7). Aachen: Meyer & Meyerverlag.

Kim, Y.S., Park, J., Kyu, P.H., Kwon. Cho, K., Kim, Y.,H., Kun Shimn, J. (2010). Effects of Training Frequency on Lumbar Extension Strength in Patients Recovering From Lumbar Dyscectomy. Verfügbar unter https://pubmed.ncbi.nlm.nih.gov/20878044/ Zugriff am 16.06.2020

Kraemer, W. J. & Fleck, S. J. (2007). Optimizing strength training. *Desining nonlinear periodization workouts.* Champaign, Ill: Human Kinetics.

Weisenfels, A. Teschler, M., Willert, S. (2018). Effects of Whole-Body Electromyostimulation on Chronic Nonspecific Low Back Pain in Adults: A Randomized Controlled Study. Verfügbar unter https://pubmed.ncbi.nlm.nih.gov/30288089/

7   Tabellenverzeichnis